Nuestro Libro de Historias

ÁLBUM DE FOTOS Y
ÁLBUM DE RECORTES PARA PAREJAS

Este increíble libro pertenece a la hermosa pareja:

....

&

....

¿Cómo se puede utilizar este Libro?

Nuestro Libro de Aventuras es el regalo perfecto para las parejas. Está hecho con papel de alta calidad y diseñado con amor que guardará con precisión sus recuerdos sobre un día especial. Abajo hay 100 preguntas para iniciar una conversación que puedes usar para escribir tus pensamientos.

En el lado izquierdo, puedes pegar una foto, dibujar algo tonto o simplemente escribir el iniciador de la conversación que elegiste para discutir con tu pareja. Puedes utilizar este libro en cualquier lugar: cuando estés de viaje, de acampada, en la boda de tu mejor amigo, en vacaciones... etc. En la parte derecha, puedes escribir una pequeña descripción de lo que ha pasado ese día, o puedes escribir tus opiniones sobre el tema de conversación que has elegido.

Este bonito álbum de recortes está diseñado para parejas y está pensado para ser utilizado en cualquier ocasión. Es el regalo de aniversario perfecto, el regalo del día de San Valentín o puede utilizarse como regalo para cualquier otro momento especial que aprecie.

Iniciadores de conversaciones profundas sobre su relación:

1. Si pudieras cambiar una cosa de nuestra relación, ¿qué sería?
2. ¿Qué puedo hacer para ser una mejor pareja?
3. ¿Qué crees que es lo más molesto de mí?
4. ¿Crees que tenemos una buena comunicación en nuestra relación, o crees que podemos mejorar?
5. ¿Qué es lo que más te gusta de mí?
6. ¿Qué es lo que menos te gusta de mí?
7. ¿Crees en las "almas gemelas" y, si es así, crees que yo soy tu alma gemela?
8. ¿Estás contenta con nuestra relación, tal y como es?
9. ¿Cómo crees que sería tu vida sin mí?
10. ¿Cuál crees que es la clave de una relación exitosa?
11. ¿Qué valoras más en una relación, la comodidad o la espontaneidad?
12. ¿Cuál crees que debe ser el papel de la mujer en una relación?

13. ¿Cuál crees que debe ser el papel del hombre en una relación?

14. ¿Qué 3 cosas puedo hacer para que se sienta más apreciado?

15. ¿Crees que pasamos demasiado tiempo juntos, o no lo suficiente?

16. ¿Cuál es la cosa que desearías que hiciera de forma diferente como padre?

17. ¿Crees que te he hecho mejor persona, y si es así, cómo?

18. ¿Cuál ha sido tu recuerdo favorito de nuestro tiempo juntos?

19. ¿Qué es lo que cambiarías de nuestra vida sexual?

20. ¿Cuál fue el momento en que supiste que me amabas por primera vez?

21. ¿Qué es una cosa que puede ayudarme a conocerte mejor?

22. ¿Cuál crees que es tu mayor fortaleza en nuestra relación?

23. ¿Hay algo que yo haga que te haga sentir que te falta el respeto?

24. ¿Por qué crees que soy "el elegido"?

25. ¿Tengo todos los rasgos que buscas en una pareja?

26. Cuando estamos separados, ¿cuánto tiempo tardas en empezar a echarme de menos?

27. ¿Cuáles crees que son las 3 cosas más importantes en una relación?

28. ¿Cuál es tu regalo favorito que has recibido, y por qué fue tu favorito?

29. ¿Cuál es una cosa de tu personalidad que desearías poder cambiar?

30. ¿Cuál es la lección de vida más importante que has aprendido hasta ahora?

31. ¿Hay algún momento de tu vida que consideres fundamental?

32. ¿Cuál es tu miedo más profundo... aparte de las serpientes, las arañas, etc.?

33. ¿Qué persona de tu vida significa más para ti, además de un familiar?

34. ¿Cuál es su mayor debilidad?

35. ¿Qué artículo es su posesión más preciada y por qué?

36. ¿De qué estás más agradecido?

37. ¿Crees que es más importante vivir el momento o planificar el futuro?

38. ¿Cuándo te sientes más querido? ¡Esta es una de las conversaciones MÁS importantes que deben tener las parejas!

39. ¿Cuál consideras que es el mayor error que has cometido?

40. ¿Cuál es el mayor objetivo que tienes para ti?

41. ¿Cuándo te sientes más en paz?

42. ¿Cuándo fue la última vez que lloró, aparte de en una película o viendo un programa de televisión?

43. ¿Cuál es su forma favorita de relajarse al final de un largo día?

44. ¿Qué es lo más amable que has hecho por alguien?

45. ¿Cuál es una de tus citas favoritas?

46. ¿Qué tienes que lograr en la vida para sentirte exitoso?

47. ¿Qué es lo que más te estresa?

48. ¿A quién consideras tu mejor amigo y qué rasgo de carácter admiras más de él o ella?

49. ¿Cuál quieres que sea tu legado?

50. ¿Qué es lo que más te molesta?

51. De qué logro se siente más orgulloso?

52. ¿Cómo te describiría tu mejor amigo?

53. ¿De cuál de los siete pecados capitales eres más culpable?

54. ¿Qué es lo que más te apasiona?

55. ¿Cuáles son tus dos "no negociables" en una relación?

56. ¿Cuál es la cosa más loca que has hecho y que volverías a hacer?

57. ¿Cuál es el peor consejo que te han dado?

58. ¿Cuál es el mejor consejo que te han dado?

59. ¿Qué consejo darías a los recién casados?

60. ¿Qué quieres hacer después de la jubilación?

61. ¿Cuál es una lección de vida que esperas transmitir a tus hijos?

62. ¿Cómo crees que será nuestra vida dentro de 5 años?

63. ¿Cómo crees que será nuestra vida dentro de 20 años?

64. Si alguna vez nos aburrimos en nuestra relación, o las cosas empiezan a ser mundanas, ¿cómo crees que deberíamos manejarlo?

65. ¿Qué crees que podemos hacer ahora para estar mejor preparados para el futuro?

66. Si no pudiera tener hijos, ¿sería eso un motivo de ruptura?

67. ¿Cuál es una tradición de tu infancia que quieres transmitir a tus hijos?

68. ¿Cuál es la cosa número 1 en su lista de deseos?

69. ¿Cómo crees que deberíamos celebrar nuestro próximo aniversario?

70. ¿Cuáles son algunas de las grandes decisiones que crees que deberían tomarse siempre juntos?

71. ¿Cuáles son tus 3 principales objetivos para tu futuro?

72. ¿Cómo sería tu vida si yo muriera antes que tú?

73. ¿Crees que las parejas que han perdido "la chispa" pueden seguir manteniendo una relación sana?

74. ¿Crees que es malo que un marido y una mujer sean mejores amigos?

75. Si pudieras volver atrás y rehacer un momento de tu vida, ¿cuál sería y por qué?

76. Si tuviéramos 1.000 dólares extra cada mes, ¿qué querrías hacer con ellos?

77. Si pudieras conocer a cualquier persona famosa, ¿quién sería y por qué?

78. Si pudiéramos tener cualquier cita, y el presupuesto no importara, ¿a dónde iríamos?

79. Si ganáramos 100.000 dólares en la lotería, ¿cómo querrías gastarlos?

80. Si pudieras vivir un día una y otra vez durante el resto de tu vida, ¿qué día sería?

81. Cuáles son los 3 objetos que querrías si estuvieras atrapado en una isla desierta (¡no se permiten botes/armas de fuego!)?

82. Si alguien escribiera una biografía sobre ti, ¿qué esperas que diga?

83. Si pudieras elegir cualquier personaje de ficción para cambiar de lugar, ¿a quién elegirías y por qué?

84. Vemos a un indigente y a su hija sosteniendo un cartel... ¿Te paras a darle dinero o sigues conduciendo?

85. Si yo empezara a ganar más dinero que tú, ¿te sentirías menos hombre?

86. Si tuviéramos que hacer una actividad extraescolar juntos todos los días durante un mes, ¿cuál sería?

87. Si se hiciera una película sobre nuestra vida, ¿qué actores nos interpretarían?

88. Dinero, poder, amor o buena apariencia... ¿qué elegirías?

89. Si mañana perdieras tu trabajo, ¿qué harías?

90. Si pudieras elegir cualquier trabajo del mundo y el dinero no fuera un problema, ¿qué elegirías?

91. Si pudieras vivir un día una y otra vez durante el resto de tu vida, ¿qué día sería?

92. De todos los restaurantes a los que hemos ido juntos, ¿cuál es tu favorito?

93. ¿Cuál es tu mayor miedo en la vida?

94. ¿Alguna vez te enviaron a la oficina del director cuando eras niño? Si es así, ¿por qué?

95. ¿Qué es lo que más te vuelve loco?

96. Si tuviera que cocinar una comida para ti durante el resto de nuestras vidas, ¿qué te gustaría que fuera?

97. ¿Qué es lo que te gustaría que hiciera de forma diferente como papá/mamá?

98. ¿Qué característica física es la que más te gusta de mí?

99. ¿Qué rasgo físico tuyo te acompleja más?

100. ¿Qué es lo que más te gusta de mí?

¡con amor!

Poner una foto

·

Dibujar algo

·

Escribe el inicio de la conversación

Fecha: .... Lugar:...........................

....

....

....

....

....

....

....

....

....

....

....

....

....

....

Poner una foto

o

Dibujar algo

o

Escribe el inicio de la conversación

Fecha: .... Lugar: ....

....

....

....

....

....

....

....

....

....

....

....

....

....

....

Poner una foto

·

Dibujar algo

·

Escribe el inicio de la conversación

Fecha: .... Lugar:............................

....

....

....

....

....

....

....

....

....

....

....

....

....

....

Poner una foto

o

Dibujar algo

o

Escribe el inicio de la conversación

Fecha: .... Lugar: ....

....

....

....

....

....

....

....

....

....

....

....

....

....

....

Poner una foto

◦

Dibujar algo

◦

Escribe el inicio de la conversación

Fecha: .... Lugar:...........................

....

....

....

....

....

....

....

....

....

....

....

....

....

Poner una foto

•

Dibujar algo

•

Escribe el inicio de la conversación

Fecha: .... Lugar: ....

....
....
....
....
....
....
....
....
....
....
....
....
....
....

Poner una foto

—

Dibujar algo

—

Escribe el inicio de la conversación

Fecha: .... Lugar: ....

....

....

....

....

....

....

....

....

....

....

....

....

....

....

Pensar una falta

*

Dibujar algo

*

Escribe el inicio de la conversación

Fecha: .... Lugar: ....

....

....

....

....

....

....

....

....

....

....

....

....

....

....

Poner una foto

·

Dibujar algo

·

Escribe el inicio de la conversación

Fecha: .... Lugar: ....

....

....

....

....

....

....

....

....

....

....

....

....

....

....

Poner una foto

o

Dibujar algo

o

Escribe el inicio de la conversación

Fecha: .... Lugar: ....

Poner una foto

·

Dibujar algo

·

Escribir el inicio de la conversación

Fecha: .... Lugar:.........................

....

....

....

....

....

....

....

....

....

....

....

....

....

Poner una foto

·

Dibujar algo

·

Escribe el tema de la conversación

Fecha: .... Lugar:..........................

....
....
....
....
....
....
....
....
....
....
....
....
....
....

Poner una foto

-

Dibujar algo

-

Escribe el inicio de la conversación

Fecha: .... Lugar:..........................

....

....

....

....

....

....

....

....

....

....

....

....

....

Poner una foto
·
Dibujar algo
·
Escribe el inicio de la conversación

Fecha: .... Lugar:...........................

....
....
....
....
....
....
....
....
....
....
....
....
....
....

Poner una foto

-

Dibujar algo

-

Escribe el inicio de la conversación

Fecha: .... Lugar: ....

Poner una foto

o

Dibujar algo

o

Escribir el inicio de la conversación

Fecha: .... Lugar: ....

....
....
....
....
....
....
....
....
....
....
....
....
....
....

Poner una foto

Dibujar algo

Escribir el inicio de la conversación

Fecha: .... Lugar:.........................

....
....
....
....
....
....
....
....
....
....
....
....
....
....

Pour una fois

·

Dibujar algo

·

Escribe el inicio de la conversación

Fecha: .... Lugar:...........................

....

....

....

....

....

....

....

....

....

....

....

....

....

....

Poner una foto

·

Dibujar algo

·

Escribe el inicio de la conversación

Fecha: .... Lugar: ....

....

....

....

....

....

....

....

....

....

....

....

....

....

....

Poner una foto

·

Dibujar algo

·

Escribe el inicio de la conversación

Fecha: .... Lugar: ....

....

....

....

....

....

....

....

....

....

....

....

....

....

....

Poner una foto

·

Dibujar algo

·

Escribe el inicio de la conversación

Fecha: .... Lugar:..........................

....

....

....

....

....

....

....

....

....

....

....

....

....

....

Poner una foto

*

Dibujar algo

*

Escribe el inicio de la conversación

Fecha: .... Lugar: ....

....

....

....

....

....

....

....

....

....

....

....

....

....

....

Poner una foto

o

Dibujar algo

o

Escribir el inicio de la conversación

Fecha: .... Lugar: ....

....

....

....

....

....

....

....

....

....

....

....

....

....

....

Poner una foto

o

Dibujar algo

o

Escribir el inicio de la conversación

Fecha: .... Lugar:...........................

....

....

....

....

....

....

....

....

....

....

....

....

....

....

Poner una foto

·

Dibujar algo

·

Escribe el inicio de la conversación

Fecha: .... Lugar:............................

....

....

....

....

....

....

....

....

....

....

....

....

....

....

Poner una foto

o

Dibujar algo

o

Escribe el inicio de la conversación

Fecha: .... Lugar: ....

....
....
....
....
....
....
....
....
....
....
....
....
....
....

Poner una foto

•

Dibujar algo

•

Escribir el inicio de la conversación

Fecha: .... Lugar: ....

....

....

....

....

....

....

....

....

....

....

....

....

....

....

Poner una foto

o

Dibujar algo

o

Escribir al inicio de la conversación

Fecha: .... Lugar:...........................

....

....

....

....

....

....

....

....

....

....

....

....

....

....

Poner una foto

o

Dibujar algo

o

Escribe el inicio de tu conversación

Fecha: .... Lugar:..........................

....

....

....

....

....

....

....

....

....

....

....

....

....

....

Poner una foto

o

Dibujar algo

o

Escribe el inicio de la conversación

Fecha: .... Lugar:...........................

....

....

....

....

....

....

....

....

....

....

....

....

....

....

Poner una foto

o

Dibujar algo

o

Escribe el inicio de la conversación

Fecha: .... Lugar: ....

....

....

....

....

....

....

....

....

....

....

....

....

....

Poner una foto

*

Dibujar algo

*

Escribe el inicio de la conversación

Fecha: .... Lugar: ....

....

....

....

....

....

....

....

....

....

....

....

....

....

Poner una foto

o

Dibujar algo

o

Escribe el inicio de la conversación.

Fecha: .... Lugar: ....

....

....

....

....

....

....

....

....

....

....

....

....

....

....

Pensar una frase

-

Dibujar algo

-

Escribir el inicio de la conversacion

Fecha: .... Lugar:...........................

....

....

....

....

....

....

....

....

....

....

....

....

....

....

Poner una foto

○

Dibujar algo

○

Escribe el inicio de la conversación

Fecha: .... Lugar: ....

....

....

....

....

....

....

....

....

....

....

....

....

....

....

Ponce una foto

·

Dibuja algo

·

Escribe el inicio de la conversacion

Fecha: .... Lugar:.........................

Poner una foto

o

Dibujar algo

o

Escribe el inicio de la conversación

Fecha: .... Lugar:............................

....

....

....

....

....

....

....

....

....

....

....

....

....

....

Poner una foto

—

Dibujar algo

—

Escribe el inicio de la conversación

Fecha: .... Lugar: ....

....

....

....

....

....

....

....

....

....

....

....

....

....

Poner una foto

o

Dibujar algo

o

Escribe el inicio de la conversación

Fecha: .... Lugar: ....

....

....

....

....

....

....

....

....

....

....

....

....

....

Poner una foto

o

Dibujar algo

o

Escribe el inicio de la conversación

Fecha: .... Lugar:............................

....

....

....

....

....

....

....

....

....

....

....

....

....

....

Poner una foto

-

Dibujar algo

-

Escribe el inicio de la conversación

Fecha: .... Lugar: ....

....

....

....

....

....

....

....

....

....

....

....

....

....

Poner una foto

·

Dibujarlo

·

Escribe el inicio de la conversación

Fecha: .... Lugar:...........................

....

....

....

....

....

....

....

....

....

....

....

....

....

....

Poner una foto

o

Dibujar algo

o

Escribe el inicio de la conversación

Fecha: .... Lugar:.........................

....

....

....

....

....

....

....

....

....

....

....

....

....

....

Pones una foto

o

Dibujas algo

o

Escribe el inicio de la conversación

Fecha: .... Lugar: ....

....

....

....

....

....

....

....

....

....

....

....

....

....

....

Poner una foto

·

Dibujar algo

·

Escribe el inicio de la conversación

Fecha: .... Lugar: ....

....

....

....

....

....

....

....

....

....

....

....

....

....

....

Piensa una frase

·

Dibújala

·

Escribe el inicio de la conversación

Fecha: .... Lugar: ....

....

....

....

....

....

....

....

....

....

....

....

....

....

Poner una foto

o

Dibujar algo

o

Escribe el inicio de la conversación

Fecha: .... Lugar:...........................

....

....

....

....

....

....

....

....

....

....

....

....

....

....

Gracias por todo!

¡Muchas gracias por probar nuestro Libro de Aventuras para Parejas!
¡Nos encantaría saber de ti!

Si te ha parecido un buen libro, por favor
apóyanos y deja una reseña.

Si tienes alguna sugerencia o problema con este diario, o si
quieres probar alguno de nuestros últimos libros
por favor, envíanos un correo electrónico.

Envíe un correo electrónico a:
pickme.readme@gmail.com

www.ingramcontent.com/pod-product-compliance
Lightning Source LLC
Chambersburg PA
CBHW080148310326
41914CB00090B/895